cadeau de Margaux
24.9.02

Le Fonds d'Action Sacem partenaire de la collection « Mes Premières Découvertes de la Musique »

En accordant ses aides à tous les courants de la création musicale, le Fonds d'Action Sacem se donne également pour objectif de révéler la musique aux enfants. En s'associant à cette collection, le Fonds d'Action Sacem est heureux de mener de tout jeunes lecteurs vers le vaste et bel univers de la musique et de former ainsi le public de demain.

FONDS D'ACTION SACEM

Remerciements à Yvan Amar

À la petite Marie - *H. Texier*

Le jazz

Charlie et le jazz

Écrit par Leigh Sauerwein
Raconté par Philippe Faure
Illustré par Laurent Corvaisier
Mis en musique par Henri Texier
Réalisé par Gallimard Jeunesse Musique

GALLIMARD ♫ MES PREMIÈRES DÉCOUVERTES DE LA MUSIQUE

Au grand zoo de la ville, c'est la fin de la journée. Les derniers visiteurs s'en vont, la grille va se refermer. Le gardien, monsieur Basile, marche le long des allées pour respirer l'air du soir… Il s'arrête devant la cage de Charlie, le raton laveur pickpocket.

Et hop ! Charlie lui vole son trousseau de clefs ! Monsieur Basile n'a rien remarqué. Il a juste envie d'aller se coucher…

La nuit est tombée.
Charlie ouvre la porte de sa cage.
Il court libérer les ouistitis,
les orangs-outans et les chimpanzés !
« Dépêchons ! Dépêchons ! dit Charlie.
Ce soir on fait la fête
chez les hippopotames ! »

Charlie libère les flamants roses,
l'autruche, la buse et tous les perroquets !
Le lion, la girafe, le bison, le gnou,
le tigre, le chameau et le kangourou !

ZOO

Dans la fosse aux serpents
le grand boa n'est pas content.
« Qui ose déranger mon sommeil ? C'est quoi ce tapage ? »
Les autres serpents commencent à remuer.
Ils sifflent, ils crachent, ils sont très énervés.
Le boa se dresse et appelle ses amis :
« Toi, la vipère, rampe, grimpe et déclenche l'alarme ! »

L'alarme retentit.
Épouvanté, monsieur Basile bondit hors de son lit.
« Que diable se passe-t-il dans mon zoo en pleine nuit ? »
Derrière les arbres, il aperçoit une lueur,
il entend un drôle de bruit... « Saperlipopette !
s'écrie le gardien. Qu'est-ce qu'on entend là-bas ? »

« Charlie ! crient les perroquets.
Monsieur Basile arrive !
L'alarme l'a réveillé !

– Encore un coup des serpents !
Ce n'est pas grave, restez cool,
on va le capturer !
– Capturer monsieur Basile ?
Mais comment ?
– Écoutez-moi bien, dit Charlie,
voici ce que nous allons faire… »

Monsieur Basile
est stupéfait ! Ahuri !
Éberlué ! Il vole,
il plane dans les airs !
« Suis-je fou ? s'écrie-t-il.
Mais non ! Je dois rêver ! »
Et voilà qu'un ouistiti
lui fait des chatouillis !
Monsieur Basile éclate de rire !

Chez les hippopotames,
quelle fête, quel bazar !
Le tigre danse avec la panthère noire.
Voici l'éléphant ! Et monsieur Basile
et ce coquin de Charlie !
Ils tanguent, ils chantent :
« Vive le jazz et tant pis pour les serpents !
– C'est extraordinaire ! » dit monsieur Basile.

Une dernière danse, un dernier plongeon...
« Attention, dit Charlie, le jour va bientôt se lever. »
Monsieur Basile s'est endormi.
Alors, tout doucement, sans faire de bruit,
les animaux ramènent monsieur Basile chez lui.
Et plus doucement encore, ils le glissent dans son lit.

Au zoo, une nouvelle journée a commencé.
Les enfants arrivent avec leurs parents.
« Mais qu'est-ce qu'ils ont les animaux ?
Ils sont complètement endormis ! »
Monsieur Basile se gratte la tête :
« Quel drôle de rêve j'ai fait cette nuit ! »

La musique de jazz

La musique de jazz
peut se jouer avec
tous les instruments.
Dans ce disque,
tu as pu entendre :

la **clarinette**

le **saxophone**

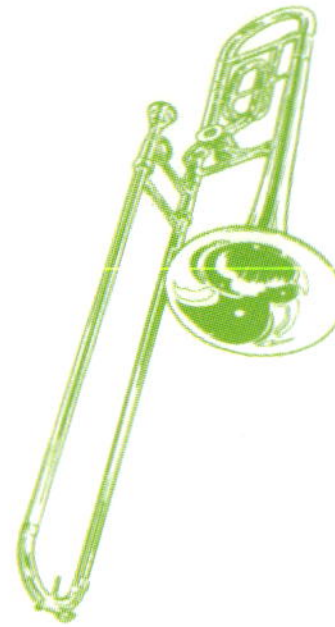

le **trombone**

la **trompette**

le **piano**

la **contrebasse**

la **batterie**

© Guy Le Querrec / Magnum

© Guy Le Querrec / Magnum

Quand tout le monde joue ensemble (ici le Quintet d'Henri Texier), on peut faire une chanson. À plusieurs, on peut aussi **improviser** et inventer une musique.

Dans l'histoire du jazz, il y a des styles bien différents : le **blues,** le **ragtime,** le **Nouvelle-Orléans,** le **be-bop,** le **free jazz…**
En écoutant ce disque tu peux reconnaître un peu de tous ces jazz.

Mes premières découvertes

J'observe

Livre-rébus

J'explore de tout près

Responsable éditoriale : **Anne de Bouchony** • Maquette : **Conce Forgia**

Charlie et le jazz
ISBN : 2-07-053551-7

Dépôt légal : septembre 2002

Numéro d'édition : 11436
Imprimé en Italie par Editoriale Lloyd
Loi n° 49-956 du 16 juillet 1949
sur les publications destinées à la jeunesse

LES COLLECTIONS MUSIQUE GALLIMARD JEUNESSE

Coco le ouistiti
(dès 18 mois)

Coco et le poisson Ploc
Coco lave son linge
Coco et la confiture
Coco et les bulles de savon

Hors série
(tout-petits)

Mon Imagier sonore
Mon Imagier des amusettes
Mon Imagier des animaux sauvages

Mes Premières Découvertes de la Musique
(3 à 6 ans)

Barnabé et les bruits de la vie
Faustine et les claviers
Fifi et les voix
Léo, Marie et l'orchestre
Loulou et l'électroacoustique
Momo et les cordes
Petit Singe et les percussions
Tim, Tom et les instruments à vent
Tom'bé et le rap
Max et le rock

Découverte des Musiciens
(6 à 10 ans)

Jean-Sébastien Bach
Ludwig van Beethoven
Hector Berlioz
Frédéric Chopin
Claude Debussy
Georg Friedrich Haendel
Wolfgang Amadeus Mozart
Henry Purcell
Franz Schubert
Antonio Vivaldi

Musiques de tous les temps
(8 à 12 ans)

Jehan, la musique au temps des chevaliers
Gilles, la musique au temps du Roi-Soleil
Naoum, la musique de la préhistoire

Musiques d'ailleurs
(8 à 12 ans)

Antòn et la musique cubaine
Bama et le blues
Brendan et les musiques celtiques
Djenia et le raï
Jimmy et le reggae
Tchavo et la musique tsigane

Carnets de Danse
(8 à 12 ans)

La Danse classique
La Danse hip-hop
La Danse jazz
La Danse moderne

Hors série

L'Alphabet des grands musiciens
L'Alphabet des musiques de films
L'Alphabet du jazz
Les Berceuses des grands musiciens
Les Berceuses du monde entier
Chansons d'enfants du monde entier
Chansons de France (vol. 1)
La Bible en musique
Musiques à faire peur
La Mythologie en musique
Poésies, comptines et chansons pour le soir
Poésies, comptines et chansons pour tous les jours

Octavius Musique

L'amour
Le chat
Les mères
Le rêve

Direction : Paule du Bouchet
Coordination musicale : Paule du Bouchet
Maquette : Chloé Bureau du Colombier
Coordination éditoriale : Claire Babin

Pour que tu sois encore plus fort en musique, voici un petit questionnaire. Lis bien les réponses, elles te diront « qui fait quoi ».

Qu'est-ce qu'un compositeur ?

Le compositeur est la personne qui écrit la musique.
Dans ce livre-disque, la musique est composée par Henri Texier.

Qu'est-ce qu'un auteur ?

L'auteur est la personne qui invente une œuvre, par exemple, les paroles d'une chanson, une histoire que l'on met ensuite en musique…

Qu'est-ce qu'un éditeur ?

L'éditeur de musique fait imprimer les partitions du compositeur et se charge d'exploiter et de faire diffuser l'œuvre par tous les moyens (concerts, enregistrements, librairies spécialisées…).

Qu'est-ce que des droits d'auteur ?

Un artiste n'est pas payé quand il vend son œuvre pour la première fois, mais il gagne un peu d'argent chaque fois que son œuvre est diffusée (à la radio, à la télévision, sur les disques, les cassettes, etc.).
Il touche alors ce que l'on appelle des droits d'auteur.

Qu'est-ce que la Sacem ?

La Sacem (Société des auteurs, compositeurs et éditeurs de musique) est une société qui s'occupe de tous les artistes de la musique.
Elle veille à ce qu'ils soient payés à chaque fois que l'on utilise leur œuvre : c'est elle qui leur reverse leurs droits d'auteur.
Ainsi ils peuvent vivre de leur art.